UN PRÉFET

de

SEINE-ET-MARNE

sous le

CONSULAT ET L'EMPIRE

LE BARON LAGARDE

MELUN

IMPRIMERIE A. LEBRUN, RUE DE BOURGOGNE, 23.

1877

UN PRÉFET

de

SEINE-ET-MARNE

sous le

CONSULAT ET L'EMPIRE

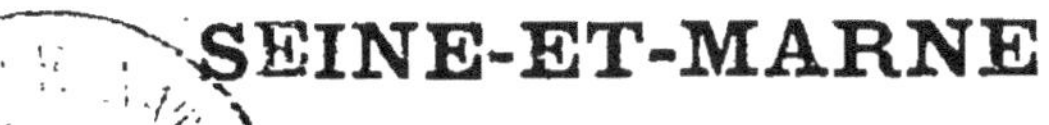

LE BARON LAGARDE

MELUN

IMPRIMERIE A. LEBRUN, RUE DE BOURGOGNE, 23.

1877

Un préfet de Seine-et-Marne

SOUS LE CONSULAT ET L'EMPIRE

—

Le baron Lagarde.

———

Les départements étaient créés depuis dix ans quand les préfectures furent instituées en l'an VIII de la République, date correspondant à l'année 1800.

Le premier préfet de Seine-et-Marne, M. Alexandre-François de La Rochefoucauld, nommé le 2 ventôse, resta peu de temps en fonctions ; le 11 frimaire an IX il était remplacé par M. Collin qui, dès l'année suivante, devenait directeur général des douanes et avait lui-même pour successeur à Melun M. Lagarde.

Appelé dans les premiers jours de brumaire an X à la préfecture de notre département, Joseph-Jean Lagarde y était installé le 20 du même mois.

Reçu avocat au parlement de Flandre en 1776 et fixé dans cette province dès sa jeunesse, cette circonstance a fait dire aux auteurs de la *Biographie des hommes vivants,* publiée en

1818, qu'il était flamand et protégé par Merlin (de Douai), son compatriote.

En réalité, J.-J. Lagarde était né à Narbonne le 11 mai 1755, mais il n'avait guère habité le Languedoc.

Tour à tour substitut du procureur du roi à la maîtrise des Eaux et Forêts de Lille, conseiller au même siége, puis conseiller du roi au bailliage de cette ville en 1788, il avait été l'un des deux députés de l'ordre des avocats envoyés à l'assemblée bailliagère pour choisir les électeurs qui devaient à leur tour nommer les membres des Etats-Généraux.

Il jouissait d'une réputation d'honnêteté, d'activité et de savoir, qui ne l'a jamais abandonnée ; son nom ne manquait même pas d'une certaine notoriété quand éclata la Révolution.

Lagarde avait adopté les idées nouvelles ; lié en effet avec Merlin (de Douai) et avec Carnot, il approuvait les principes libéraux, tout en s'éloignant plus tard des excès qui sont venus ternir cette période de notre histoire. Nommé secrétaire général de l'administration du Nord en 1790, il obtenait l'année suivante la chaire de droit français à l'Université de Douai, qu'il abandonna au mois d'octobre 1792, ayant été réélu secrétaire général.

Dénoncé et arrêté en 1793 comme rédacteur d'une Adresse de son département contre l'attentat du 20 juin 1792, Merlin intervint à propos et le mit en réquisition pour organiser l'administration en Belgique. On dût rendre la liberté à Lagarde, qui commença immédiatement l'œuvre dont il était chargé.

Au retour de cette mission, on l'appela aux fonctions de secrétaire général du Directoire exécutif, à la place de Trouvé, démissionnaire au bout de quelques jours d'exercice. C'était un poste important et considéré. Affable, parlant bien, écrivant facilement, habitué aux affaires et assidu au travail, le secrétaire général s'y rendit particulièrement utile. D'un caractère fin et délié, disent les biographes, il sut conserver son emploi au milieu des commotions qu'éprouva la Constitution directoriale, — sous treize directeurs et trente-quatre ministres ; il se maintint encore à son poste lors de l'établissement du Consulat.

Cependant, le 11 juillet 1799, Frison, député belge au Conseil des Cinq-Cents, l'accusait de se livrer à des dépenses excessives dans ses ameublements et de tromper le Directoire sur l'entreprise des journaux *le Rédacteur* et *le Défenseur de la Patrie*, dont il était propriétaire, au moins pour une part. Un message eut lieu sur cette dénonciation, et, dans la discussion qui s'en suivit, Chalmel reprochant encore certaines dilapidations, s'opposa à la lecture du mémoire justificatif du secrétaire général, injustement attaqué. Le Conseil ordonna le renvoi de l'affaire à une commission qui, — quoiqu'en dise la *Biographie Michaud*, d'une injuste partialité à l'égard de Lagarde, — s'est prononcée en faveur de ce dernier, pleinement justifié.

Bientôt après Lagarde eut encore un procès à soutenir avec son imprimeur Gratiot, au sujet du journal *le Défenseur de la Patrie*, dont ses co-associés lui firent l'abandon moyennant une indemnité. Malgré les placards virulents publiés par l'imprimeur, les tribunaux donnèrent gain de cause au secrétaire des consuls.

C'est sur ces entrefaites que la préfecture de Seine-et-Marne fut confiée à M. Lagarde.

Dans ce nouveau poste, il fit preuve de son zèle habituel, montra une entente des affaires et une sollicitude pour les administrés qui lui attirèrent l'estime publique. Toujours au travail, il annotait chaque jour sa correspondance de sa petite écriture fine et rapide, rédigeait lui-même ses lettres aux ministres et ne ménageait pas ses instructions aux sous-préfets. Son passage à la préfecture de Melun fut marqué par quelques œuvres utiles dues à son initiative : il favorisa la création des écoles secondaires et de la Société d'agriculture de Melun, dont il a été le premier président, il encouragea la propagation de la vaccine, multiplia les instituteurs, s'occupa activement de la répression de la mendicité. Constamment accessible au public, il trouvait encore le temps de présider de nombreuses réunions, où il prononçait des discours, de stimuler et d'encourager les élèves de l'école militaire de Fontainebleau et ceux du collége de Melun, de haranguer les jeunes soldats des levées extraordinaires au moment du départ, etc.

Le préfet était d'ailleurs utilement secondé par son secrétaire général, M. Guyardin, un lettré, qui avait été vicaire général de l'évêque constitutionnel de Seine-et-Marne, député suppléant à la Convention et commissaire du gouvernement près l'Administration centrale (1).

En 1804, le collége électoral de Seine-et-Marne le porta, sans succès il est vrai, candidat pour le Sénat conservateur.

Un décret signé par Napoléon à Schœnbrun, le 15 août 1809, conféra à une trentaine de préfets le titre de baron de l'Empire. M. Lagarde était du nombre. Il venait aussi d'être décoré de la Légion d'honneur, distinction nouvelle dont l'empereur se montrait assez avare pour les fonctionnaires civils.

---

(1) Simon-Nicolas Guyardin était né à Langres le 3 avril 1760.

A cette occasion, le préfet oubliant complétement ses tendances politiques d'autrefois, se souvient que sa famille avait des prétentions à la noblesse et songe à faire revivre les armes qu'elle avait portées naguère. Il correspond très-activement sur ce point avec M. Armet, avocat au Conseil d'Etat.

« Je suis fait baron de l'Empire, lui écrit-il de Melun le 6 décembre 1809, et je désire obtenir de suite mes lettres-patentes ; comme je n'ai pas encore demandé celles que je dois avoir aussi comme membre de la Légion d'honneur, je voudrais faire d'une pierre deux coups. Voulez-vous bien vous charger de ce soin et me dire ce que j'ai à produire.

« Ne puis-je pas présenter mes idées sur mes armes et ma livrée ?

« Pour les armes, j'en ai d'anciennes qui appartiennent à ma famille, ou plutôt qui lui appartenaient autrefois. Je ne peux pas conserver la couronne, je le sais, peut-être les supports ; mais je voudrais qu'on me laissât ce qui peut être conservé.

« Je verrai à fixer quelque chose pour la livrée. Si mes idées peuvent être présentées, je mettrai dans une lettre l'empreinte de mon ancien cachet.

« Vous avez bien voulu attacher quelque intérêt l'année dernière à mon *Instruction gé-*

nérale aux Maires, je viens de faire un autre ouvrage, moins étendu, mais d'une utilité plus générale, c'est une *Instruction sur la conscription*, en ce qui intéresse les conscrits et leurs parents, Je charge le porteur de vous offrir un exemplaire. »

Le lendemain il écrit de nouveau à M. Armet. lui explique que son intention n'est pas de constituer un majorat, *quant à présent*, les fonds dont il a besoin éprouvant des retards qui le gênent.

Le 11 décembre, nouvelle lettre. M. Armet lui a répondu ; le préfet est enchanté qu'on lui permette de conserver ses anciennes armes, et entre dans de minutieux détails sur cette grave question du blason et de la livrée. « Les trois quintefeuilles de l'écu, dit-il, sont des roses, c'est donc, à ce que je pense, du rouge. »

« On me donnera pour livrée, dites-vous, les couleurs de mes armes. Quelles sont ces couleurs ? Si je m'en rapporte à mes connaissances en blason, je n'en sais rien. Si je m'en rapporte à ma mémoire, le fond est *d'or* et les chevrons brisés *d'azur*, ou l'inverse, mais c'est toujours bleu et jaune. Il y a ensuite les roses qui sont rouges. Voilà donc le bleu, le jaune et le rouge à choisir pour le fond de la couleur de l'habit et comme le jaune et le rouge passent très-vite, je serais obligé de m'en tenir au bleu, et je ne m'en soucie pas par ce que c'est trop cher. Cependant je n'y renonce pas. J'écris à mon marchand de draps, etc.

« J'aurais pu vous parler plus sûrement si j'avais fouillé une énorme masse de paperasses que j'ai rapportée de Flandre en l'an IV, en arrivant au Directoire. Mais je n'ai pu me résoudre à cette recherche dans des papiers qui, lorsque je les ai rapportés, n'avaient pas vu le jour depuis 20 ans et que je n'avais jamais examinés moi-même, malgré les sollicitations de mon père; sans fortune alors et uniquement occupé à relever d'abord ma famille sous ce rapport, je repoussais toutes les idées que l'on me suggérait pour rentrer dans un ordre où, faute de moyens, j'eusse été le dernier, tandis que comme avocat j'étais le premier où je me trouvais.

« J'avoue avec franchise que je ne tiens pas très-exactement à mes anciennes armes. Comme c'étaient simplement des armes de vicomte, celles que je vais posséder les vaudront et la seule chose que j'ai en vue est de faire bien connaître que j'en avais. J'ai pour cela un motif particulier. Je m'en rapporte d'ailleurs entièrement à vous, étant, je le répète, de la plus crasse ignorance sur cela. »

Quelques jours après il écrit encore :

« Je suis né le 11 mai 1755, à Narbonne, province de Languedoc ; mes prénoms sont Joseph-Jean. La date de ma nomination dans la Légion d'honneur est du 17 messidor an XII. En disant que les armes que je demande sont celles de ma famille, je dois ajouter : du côté de mon père. Et à propos de nom, c'est une chose assez singulière que mon père et mon grand-père aient toujours signé Lagarde, tandis que mon bisaïeul signait De Lagarde. Pourrais-je, en demandant mes lettres, reprendre cette dernière signature ? C'est une idée en l'air, dont vous ferez ce que vous voudrez, sauf à moi, quand je constituerai un majorat, de demander qu'on y applique ce nom. Quand pensez-vous que je puisse avoir mes lettres ? Pour accélérer, adressez-vous à M. Lavollée, secrétaire de S. A. le prince archi-chancelier (1). »

La correspondance continua encore quelque temps avant que la question fut vidée. Nous avons sous les yeux tout un paquet de lettres relatives à ce titre de baron, au drap de livrée, au galon, etc.; les passages qui précèdent suffisent à prouver l'intérêt qu'y attachait M. Lagarde, en même temps qu'ils fournissent quel-

---

(1) M. Lavollée, secrétaire de Cambacérès, dont le frère était notaire et maire à Dammartin-en-Goëlle (Seine-et-Marne).

ques renseignements bons à noter. Mais nous en resterons là.

Au mois de novembre 1810, le baron Lagarde fut suspendu de ses fonctions. Le motif de cette mesure nous échappe ; ses détracteurs firent courir le bruit de fraudes commises dans les opérations de la conscription : c'était une calomnie qu'il repoussa avec indignation. Mais ce qu'on n'ignore pas, c'est que l'Empire voulait alors des préfets plus favorisés de la fortune, en position de faire « bonne figure, » d'organiser des réceptions et de donner à leurs frais des soirées coûteuses, dans le pays où on les plaçait.

M. Lagarde avait diminué sa petite fortune à Melun plutôt que de l'accroître.

Un décret du 30 novembre appela pour le remplacer M. le comte de Plancy, auparavant préfet à Nevers, et qui jouissait de 40,000 fr. de revenus.

Nous avons vu que l'ancien préfet de Seine-et-Marne avait été un instant journaliste ; qu'il avait écrit et publié à Melun une *Instruction aux Maires* (1 vol. in-8° de 250 pages), et une *Instruction sur la conscription*.

Son livre, destiné aux maires, obtint six éditions successives, en 1808 et 1809.

Dans la suite, en 1827, ce recueil fut réimprimé sous le titre d'*Instructions générales sur les devoirs ou fonctions des maires et autres fonctionnaires municipaux*; on y joignit un *Traité de l'organisation de l'autorité municipale* (Paris, in-8º).

En 1791 l'auteur avait déjà publié, lorsqu'il était secrétaire général de l'administration départementale du Nord un *Compte de gestion* de ce département. En 1814, il présenta au roi et fit imprimer un *Mémoire historique, politique et commercial sur le port de Dunkerque.*

Le baron Lagarde a encore écrit d'autres mémoires, assez nombreux, sur des matières de jurisprudence et d'administration, et quelques articles insérés dans le *Répertoire universel de jurisprudence.*

Ajoutons qu'à l'occasion il cultivait la poésie. Admis en 1786 au collége des Philalèthes de Lille, société littéraire dont il devint secrétaire, il y prononça un discours de réception sur l'*Etude des lois de la nature* et y lut des pièces rimées avec facilité. Franc-maçon, affilié à une loge de Paris, à l'époque où Joseph Bonaparte et Cambacérès étaient successivement grands-maîtres de l'ordre, il apporta plus d'une fois le tribut de sa muse aux réunions maçonniques. A la fête présidée par le Grand-Maître, pour la Saint-Jean d'été de l'année 1810, une cantate fut mise en musique par le compositeur Henri Berton, chantée en public, imprimée et vendue au profit des indigents; l'auteur des paroles n'était autre que le baron Lagarde.

En quittant Melun, sans pension, sans compensation à une position acquise, il **reprit** quelque temps l'exercice de sa profession d'avocat, dans le Nord, puis à Paris.

Présenté au duc de Berry, à Lille, en 1815, le baron Lagarde obtint une pension de 4,000 fr. (ordonnance du 16 mars 1816), qui lui fut servie jusqu'à sa mort.

En 1823 il habitait Versailles et était membre de la chambre des garanties pour la caisse hypothécaire de Paris. Nous le retrouvons alors correspondant avec Bazot, l'un des auteurs de la *Biographie des Contemporains*, qui lui avait demandé sur son compte des renseignements exacts. Le baron Lagarde, en souscrivant à cet ouvrage, désirait que le libraire put réduire le prix de son exemplaire : « Quoiqu'en aient dit les précédents biographes, écrit-il à Bazot, 150 fr. sont une somme pour ce fameux secrétaire général qui s'est retiré avec la grande fortune dont ils le gratifient. J'ai procuré mon portrait au libraire, ce qui le dispensera d'en donner un autre, dont il lui faudrait faire les frais. J'ai trouvé bien des fautes dans l'épreuve que vous m'avez confiée.... »

Le baron Lagarde est mort à Paris le 9 juillet 1839, âgé de 84 ans.

Son portrait, peint par Carrier, a été lithographié par Léon Noël et publié dans le journal *l'Artiste*.

L'ancien préfet nous apparaît grand, sec, le visage rasé et encadré de longs cheveux blancs; sa physionomie est empreinte d'un air de bonhomie qui ne manque pas de finesse; sa boutonnière est ornée de la croix de la légion d'honneur.

Un de ses fils, élève du collége de Juilly, de 1804 à 1809, est devenu dans la suite directeur des douanes à Paris.

TH. LHUILLIER.

MELUN. — IMPRIMERIE A. LEBRUN, RUE DE BOURGOGNE, 23.